GW00725071

EDITORIAL EVEREST, S. A.

MADRID • LEON • BARCELONA • SEVILLA • GRANADA • VALENCIA
ZARAGOZA • LAS PALMAS DE GRAN CANARIA • LA CORUÑA
PALMA DE MALLORCA • ALICANTE — MEXICO • BUENOS AIRES

Zülal Aytüre - Scheele

Nuevas ideas de
Origami

Papiroflexia para grandes y pequeños

Índice

En la Editorial Everest se ha publicado también el primer volumen de esta colección: "Hobby Origami", un libro de gran éxito de la autora turca Zülal Aytüre-Scheele.

A partir de siete formas básicas y sin más que ir plegando el papel se van obteniendo las figuras más diversas, desde animales y flores hasta máscaras y pequeños utensilios.

Introducción

¿Por qué el Origami —el arte de la papiroflexia— se sigue considerando en Japón, después de muchos siglos, como un importante elemento de la educación y del quehacer cotidiano? ¿Por qué en muchos otros países del mundo cada vez tiene más aceptación, tanto para los niños como para los adultos?

La respuesta es sencilla: el Origami es un arte que solamente necesita un material básico: el papel. Con él podemos hacer maravillosas y originales figuras; pequeñas obras maestras que, además, no sólo resultan atractivas a la vista sino que también sirven para jugar o pueden tener una utilidad especial.

El presente libro del Origami pretende despertar y estimular esa afición.

Las 40 figuras que ofrecemos en estas páginas pueden obtenerse partiendo de 8 figuras base. Solamente se precisa para ello un trozo de papel. Algunas veces se necesita una tijera, pegamento o pinturas para decorarlas, si se quiere.

Con papel y un poco de paciencia y concentración se pueden conseguir figuras perfectas. Es una actividad creativa que transmite curiosidad y alegría y, finalmente, nos llena de orgullo y satisfacción ante la obra concluida.

Y si nos fijamos en las cosas que nos rodean, muy pronto, y con un poco de práctica, podremos hasta crear figuras nuevas.

¡Que os divirtáis!

Zülal Aytüre-Scheele

Papel para el Origami

El único material que se precisa para el Origami es el papel. Por eso es muy conveniente elegirlo bien. Puede utilizarse todo tipo de papel que se pueda doblar bien y que no se deforme: papel de regalo, papel de cartas o papel de revistas.

Cada cual debe decidir por sí mismo qué papel prefiere y cuál le parece más adecuado para cada caso. Lo importante es que con él se puedan hacer dobleces nítidos sin que el papel se rasgue o se rompa.

El papel de regalo puede encontrarse en cualquier papelería o tienda especializada. Existen todo tipo de variaciones y diseños, por lo que el hecho de elegir el papel adecuado resulta divertido.

Casi todas las figuras de este libro se han hecho con papel de regalo. También pueden combinarse varios papeles de diferentes colores y dibujos, consiguiendo de esta forma interesantes efectos de colores.

Pero también puede comprarse el auténtico papel Origami. Algunos establecimientos lo tienen ya cortado en cuadros.

Pero, teniendo buen gusto, las figuras resultan igual de bonitas si se hacen con papel de regalo.

Las diez reglas del Origami

1. Elegir el papel adecuado y cortar correctamente la forma y el tamaño según la figura deseada.

2. Trabajar siempre con pulcritud y esmero.

3. Todos los dobleces y pliegues deben hacerse con exactitud, por lo que se aconseja trabajar sobre una superficie lisa y sólida.

4. Repasando los dobleces y pliegues con la uña del pulgar, éstos se marcarán mejor, consiguiendo así que los siguientes pasos resulten más fáciles.

5. Cuanto más cuidado se ponga en los dobleces, más bonita resultará la obra concluida.

6. Seguir escrupulosamente los pasos de trabajo según el orden indicado.

7. No debe omitirse ningún paso. Por eso debe tenerse siempre en cuenta el paso anterior y posterior.

8. Respetar todas las indicaciones, por ejemplo, en qué dirección deberá doblarse una esquina, cómo plegar la figura, cómo abrirla o cómo desdoblar un doblez, etc.

9. Quien no haya practicado nunca el Origami deberá empezar a hacerlo con las figuras base. Resulta muy divertido comprobar cómo se obtienen las más diversas variaciones de una sola figura base.

10. Respetando exactamente todas las reglas e indicaciones, y haciendo los dobleces limpia y esmeradamente, tanto más disfrutaréis con los resultados obtenidos.

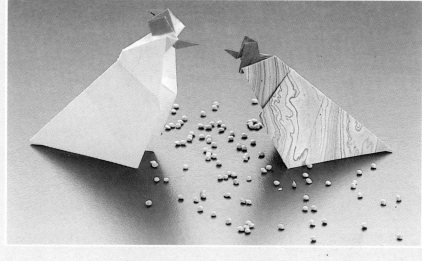

Gallina

1. Partir de una hoja de papel cuadrada.

2. Marcar un doblez por la mitad (diagonal).

3. Enfrentar dos lados adyacentes sobre esta diagonal y doblar.

1. Partir de la figura base I. Dar vuelta a la figura.

2. Por la línea de guiones...

3. ... doblar el vértice izquierdo sobre el derecho y por el lugar indicado...

4. ... volver a doblar hacia el lado izquierdo. Doblar la figura por la mitad (la parte cerrada del papel debe quedar hacia afuera).

5. Tirar del vértice izquierdo hacia arriba.

6. Doblar bien por las líneas indicadas.

7. Desdoblar la figura por la parte de abajo...

11. ... y doblar hacia arriba por el doblez 2 (ver paso 6).

15. Recalcar los dobleces para mantener la figura.

8. ... y volver el vértice izquierdo hacia dentro por el doblez (1).

12. Marcar un doblez por el lugar indicado.

16. Abrir el vértice...

9. Recalcar los dobleces.

13. Abrir el vértice...

17. ... y doblar hacia la izquierda por el doblez (2) (ver paso 12).

10. Abrir el vértice izquierdo...

14. ...y doblar hacia abajo por el doblez (1).

18. Para terminar la gallina pintar de rojo la cresta y el pico.

4. ... volver a doblar hacia la izquierda. Doblar el vértice derecho hacia la izquierda por la línea auxiliar, de forma que coincida con la parte izquierda doblada. Doblar el vértice izquierdo por la línea auxiliar (2) hacia dentro, y por la línea auxiliar (3) hacia fuera.

8. Sujetar la figura según se indica, tirar de la cabeza hacia arriba y apretar.

Pato

1. Partir de la figura base I (véase pág. 8). Dar vuelta a la figura.

5. Doblar la figura por la mitad.

9. Doblar, por el lugar indicado, de abajo hacia arriba.

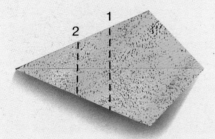

2. Por la línea auxiliar (1) doblar el vértice izquierdo...

6. Tirar de la cabeza y la cola...

10. Repetir por el reverso de la figura. Doblar hacia dentro el ángulo inferior derecho por la línea de guiones. Repetir por el reverso de la figura.

3. ... sobre el vértice derecho y por la línea auxiliar (2)...

7. ... hacia arriba. Recalcar los dobleces para mantener la figura.

11. El pato está terminado.

Familia de pájaros

Pájaro

1. Partir de la figura base I (véase pág. 8). Por la línea auxiliar...

2. ... doblar el vértice izquierdo hacia atrás.
Por la línea de guiones...

3. ... doblar los ángulos superior e inferior izquierdo sobre la línea central horizontal. Por las líneas...

4. ... auxiliares doblar bien y, a continuación, volver a desdoblar los últimos dobleces.

5. Sujetar la figura por el punto A y abrir por la parte izquierda.

6. Doblar el ángulo superior izquierdo hacia dentro sobre el punto A. Recalcar los dobleces.

7. Repetir con el ala inferior. Por donde se indica...

8. ... doblar el vértice superior e inferior hacia la izquierda.

9. Doblar la figura por la línea central horizontal, de forma que la parte abierta de la figura quede hacia dentro. Hacer un corte para la cola por la línea auxiliar (1). Doblar el papel por la línea auxiliar (2).

10. Abrir el vértice izquierdo y doblar hacia dentro por el doblez resultante. Por la línea de guiones...

11. ... doblar el ala hacia arriba. Repetir por el reverso.
El pájaro está terminado.

7. ... y, a continuación, tirar del vértice derecho hacia arriba y apretar bien la figura.

Lorito

1. Partir de la figura 8 del pájaro (véase pág. 12).

4. ... doblar los lados, superior e inferior de la derecha del pequeño cuadrado sobre la línea central horizontal.

8. Doblar bien por las líneas auxiliares.

2. Dar vuelta a la figura. Por los lados, superior e inferior, de la izquierda del pequeño cuadrado y por el lugar indicado...

5. Doblar la figura por la mitad, de forma que la parte cerrada quede hacia fuera. Doblar bien por la línea de guiones.

9. Desdoblar la cola. Doblar hacia dentro por el doblez (1) y hacia fuera por el doblez (2).

3. ... hacer un corte (hasta el vértice). Por las líneas auxiliares...

6. Abrir el vértice izquierdo, doblar hacia dentro por el doblez resultante...

10. ¿Podrás lograr que el lorito hable?

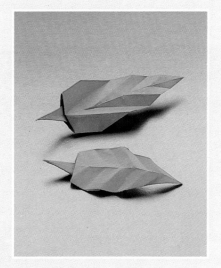

Hoja

1. Partir de la figura base I (véase pág 8). Doblar el lado superior derecho y el inferior derecho...

2. ... sobre la línea central horizontal. Doblar el ángulo superior por la línea de guiones.

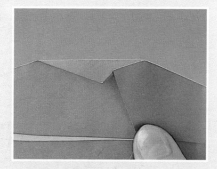

3. Abrir el doblez y doblar el ángulo hacia dentro. Alisar nuevamente el doblez.

4. Repetir con el ángulo inferior.

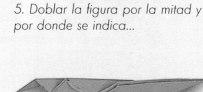

5. Doblar la figura por la mitad y por donde se indica...

6. ... doblar.

7. Desdoblar hasta llegar de nuevo al paso 4. Por la línea auxiliar (1) doblar el vértice derecho hacia la izquierda y por la línea auxiliar (2)...

8. ... volver a doblar hacia la derecha. Por la parte inferior del vértice derecho según se indica...

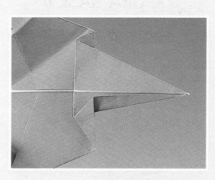

9. ... doblar hacia arriba. Doblar el pequeño triángulo resultante...

10. ... y recalcar los dobleces. Repetir en la parte superior.

11. Doblar el ángulo superior e inferior del lado derecho por las líneas de guiones...

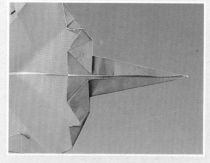

12. ... y doblar hacia dentro. Si damos la vuelta a la figura, la hoja estará terminada.

14

FIGURA BASE II

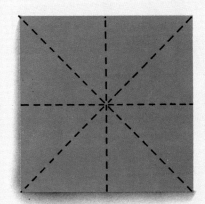

1. Sobre una hoja de papel cuadrada se marca un doblez por las líneas auxiliares.

2. Doblar los lados derecho e izquierdo sobre la línea central vertical. La cara blanca del papel queda por el reverso.

3. Doblar la parte superior e inferior sobre la línea central horizontal y volver a desdoblar

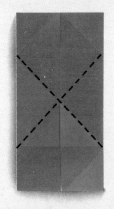

4. Por las líneas auxiliares...

5. ... marcar un doblez.

6. Sujetar los ángulos inferiores interiores y tirar hacia fuera.

7. Doblar el lado inferior de la figura hasta la línea central horizontal.

8. Girar la figura 180° (ponerla boca abajo) y volver a repetir los pasos 6-7.

9. Esta es la figura base II.

Velero

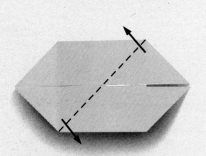

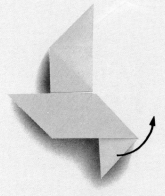

1. Partir de la figura base II (véase pág. 15). Por la línea auxiliar...

3. Por la línea de guiones...

5. ... hacia arriba y el vértice inferior izquierdo hacia la izquierda. Tirar del vértice inferior derecho...

2. ... doblar el vértice superior derecho hacia arriba y el vértice inferior izquierdo hacia abajo.

4. ... doblar la figura en sentido diagonal; la parte cerrada queda hacia dentro. Doblar el vértice superior izquierdo...

6. ... hacia la derecha. El velero está terminado.

Casa

1. Partir del paso 3 de la figura base II (véase pág. 15). Por las líneas auxiliares...

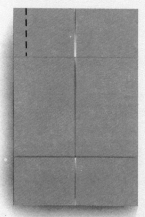

2. ... doblar el ala superior hacia arriba y el ala inferior hacia abajo. Por el lugar indicado...

3. ... doblar el lado superior izquierdo hacia la derecha, y el pequeño triángulo resultante...

4. ... recalcarlo bien.

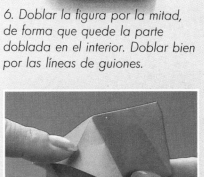

5. Repetir con los otros tres lados.

6. Doblar la figura por la mitad, de forma que quede la parte doblada en el interior. Doblar bien por las líneas de guiones.

7. Abrir la figura y doblar los dos ángulos superiores por los dobleces resultantes.

8. Volver a doblar la figura. Pintar la puerta y las ventanas o pegarlas.

Cerdito

1. Partir del paso 2 de la figura base II (véase pág. 15).

2. Doblar la parte inferior de la figura hacia atrás por la línea central horizontal. Por las líneas auxiliares...

3. ... doblar los ángulos superiores derecho e izquierdo, sobre los ángulos inferiores. Repetir sobre el reverso.

4. Desdoblar por el anverso derecho el doblez. Abrir el ala anterior, y doblar el ángulo superior derecho...

5. ... sobre el lado inferior.

6. Recalcar los dobleces.

7. Repetir la operación con el ángulo izquierdo y con los ángulos del reverso. Doblar el lado derecho del triángulo izquierdo por el lugar indicado...

8. ... hacia la izquierda. Repetir por el reverso. Así se forman las patas delanteras del cerdito. Por la línea de guiones...

9. ... doblar el ángulo exterior derecho hacia la izquierda...

13. Volver a apretar la parte superior de la figura. Por la línea auxiliar...

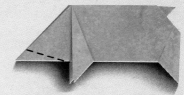

17. Volver a recalcar los dobleces. Doblar bien por el lugar indicado.

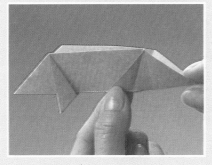

10. ... y volver a desdoblarlo. Abrir la figura por arriba.

14. ... doblar el ángulo superior derecho hacia dentro; repetir por el reverso.

18. Abrir la figura por arriba...

11. Doblar el ángulo exterior derecho...

15. Volver a abrir la figura por la parte superior y tirar del vértice interior grande...

19. ... y doblar el ángulo exterior izquierdo hacia dentro por el doblez resultante hacia dentro.

12. ... por el doblez resultante en el paso 9, hacia la izquierda en la figura desdoblada.

16. ... hacia la derecha, de forma que resulte un rabito.

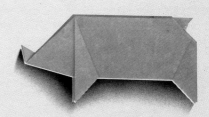

20. Volver a recalcar de nuevo los dobleces.
El cerdito está terminado.

FIGURA BASE III

1. Tomar una hoja de papel cuadrada...

2. ... doblar los dos vértices superiores del ala anterior hacia abajo. Por el lugar indicado...

3. Doblar los ángulos izquierdo y derecho, hacia abajo por las líneas de guiones.

4. Esta es la figura base III.

Mosca

1. Partir de la figura base III. El vértice abierto ponerlo arriba. Por las líneas auxiliares...

2. ... doblar en sentido diagonal dejando la parte blanca hacia dentro.

3. ... doblar el vértice superior hacia abajo. Por la línea de guiones (línea central horizontal)...

4. ... volver a doblar el papel hacia abajo. Por las líneas auxiliares...

5. ... doblar los ángulos derecho e izquierdo, hacia atrás. Por donde se indica...

6. ... doblar el vértice superior hacia atrás. A continuación doblar los ángulos derecho e izquierdo hacia delante por las líneas de guiones. La mosca está terminada.

Mariquita

5. Doblar bien por las líneas auxiliares.

1. Partir de la figura base III. El vértice abierto ponerlo abajo. Dar vuelta a la figura.

3. ... y los dos primeros ángulos inferiores hacia arriba. Doblar por la línea de guiones...

6. Abrir el vértice inferior izquierdo y doblar hacia dentro por el doblez.

7. Abrir el ala izquierda y doblar el ángulo izquierdo hacia dentro por el doblez resultante. Volver a apretar la figura.

2. Doblar el ángulo superior por el lugar indicado hacia abajo...

4. ... el ángulo superior hacia arriba. Dar vuelta a la figura.

8. Repetir la misma operación con la parte derecha.
Finalmente pintar la cabeza y los puntos de la mariquita con pintura negra.
También se pueden recortar y pegar.

FIGURA BASE IV

Salero-Pimentero

1. Marcar dos dobleces por la mitad sobre un papel cuadrado. Doblar los cuatro ángulos...

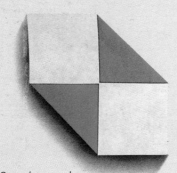

2. ... hasta el centro.

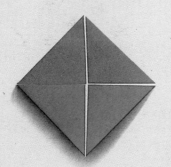

3. Esta es la figura base IV.

1. Partir de la figura base IV. Dar vuelta a la figura.

2. Doblar los cuatro ángulos...

3. ... hasta el centro. Doblar por las líneas auxiliares.

4. Doblar la figura por la mitad.

5. Sujetar con cuatro dedos las cuatro bolsitas por abajo y juntar la figura en el centro.

6. Dar vuelta a la figura. Llenar las bolsitas de sal y pimienta... y listo.

a) Si la figura es para jugar con ella, sujetarla como se indica en el paso 5.

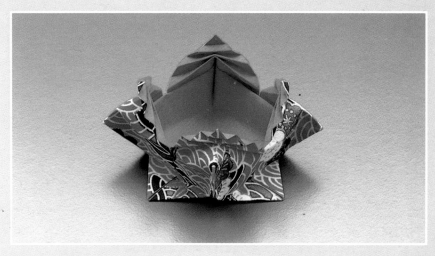

Bombonera

b) Abrir y cerrar la figura con los dedos.
Se puede jugar a muchos acertijos.

1. Partir del paso 3 del salero-pimentero. Doblar los cuatro ángulos del centro...

4. ... como un acordeón.

2. ... hacia fuera. Marcar un doblez por donde se indica. Dar vuelta a la figura.

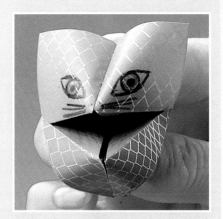

c) Si se quiere construir una cara, doblar los dos ángulos inferiores hacia dentro y colorear la figura.

3. Doblar los cuatro ángulos por las líneas auxiliares...

5. Apretar bien los ángulos hasta que aparezca una figura cuadrada en el interior.

Cajita

1. Partir de la figura base IV (véase pág. 22). Doblar los cuatro ángulos del centro, según las líneas auxiliares...

2. ... hacia dentro. Los ángulos tocarán cada uno de ellos con el punto central de un lado. Dar vuelta a la figura.

3. Doblar los lados derecho e izquierdo por el lugar indicado...

4. ... sobre la línea central. Doblar el ala superior izquierdo hacia la derecha y los pequeños triángulos resultantes en la parte izquierda por las líneas auxiliares...

5. ... hacia delante. Volver a doblar el ala superior derecha hacia la izquierda.

6. Repetir los pasos 4-6 con el ala derecha.

7. Abrir la figura por la línea central y tirar hacia fuera.

8. Esto es un nido para un pájarito.

9. Si se marca un doblez por las líneas de guiones y se abre a continuación...

10. ... el nido se convierte en una cajita. Recalcar los dobleces. Si tomamos un trozo de papel que sea 0,5 cm mayor que el anterior, se puede construir otra cajita que sirve de tapa.

FIGURA BASE V

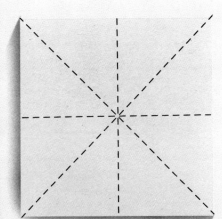

1. Doblar dos veces por la mitad una hoja de papel cuadrada y dos veces en sentido diagonal...

2. ... de forma que se noten bien los dobleces.

3. Doblar el papel por la mitad, de forma que la parte blanca quede en el interior.

4. Tirar de la mitad derecha del papel en sentido vertical hacia arriba...

5. ... abrir...

6. ... y apretar por el lugar indicado.

7. Alisar los dobleces. Doblar el ala izquierda resultante...

8. ... hacia la derecha.

9. Repetir los pasos 4-8 en la mitad izquierda.

10. Esta es la figura base V.

7. ... los lados exteriores del ala anterior hacia atrás. Doblar por las líneas auxiliares.

Casa rural

1. Partir de la figura base V (véase pág. 25). Doblar los ángulos inferiores por las líneas auxiliares...

4. Tirar del ala anterior derecha en sentido vertical hacia arriba.

8. Abrir el pequeño rectángulo de la parte derecha, y apretar el lado superior sobre el lado derecho hacia dentro.

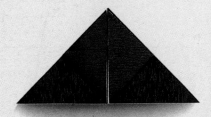

2. ... sobre el ángulo superior.

5. Abrir el doblez y alisar.

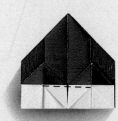

9. Repetir con el ala izquierda. Por la línea de guiones...

3. Repetir por el reverso. Marcar un doblez por la línea de guiones indicada.

6. Repetir los pasos 4 y 5 con el ala izquierda y con las alas del reverso. Doblar por las líneas de guiones...

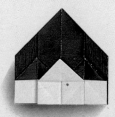

10. ... doblar el pequeño triángulo inferior hacia arriba.
Ya tenemos la casa rural.

Águila en la sierra

Águila

4. Repetir los pasos 2 y 3 por el reverso. Doblar los lados cortos de la figura por el lugar indicado...

8. ... y doblar los dos ángulos sobre la línea central. Dar vuelta a la figura.

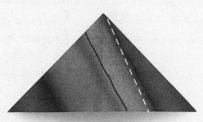

1. Partir de la figura base V (véase pág. 25). Doblar por la línea auxiliar.

5. ... sobre la línea central vertical. Doblar, según se indica, por la línea de guiones.

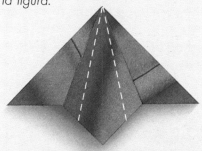

9. Doblar el lado superior derecho e izquierdo de la figura por las líneas auxiliares...

2. Tirar del ala superior derecha en sentido vertical hacia arriba.

6. Desdoblar los dos últimos dobleces. Abrir el ala superior...

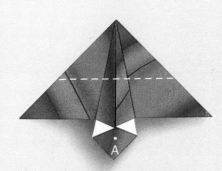

10. ... sobre la línea central vertical. Doblar por el lugar indicado...

3. Abrir el doblez y alisar el ala, de forma que el lado largo repose sobre la línea central.

7. ... colocar el vértice inferior sobre el ángulo superior...

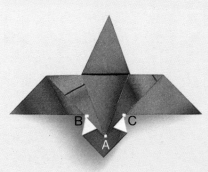

11. ... el vértice superior sobre el punto A. Hacer coincidir los puntos B y C...

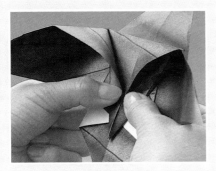

12. ... sobre la línea central...

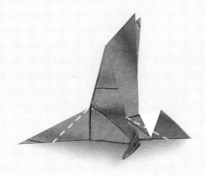

16. Doblar, según se indica, por las líneas auxiliares.

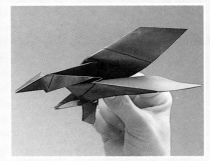

20. Doblar el vértice izquierdo por la línea auxiliar (1) hacia arriba y por la línea auxiliar (2)...

13. ... y recalcar bien los lados superiores.

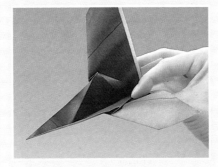

17. Abrir el vértice izquierdo...

21. ... hacia abajo. Volver a tirar del vértice hacia abajo.

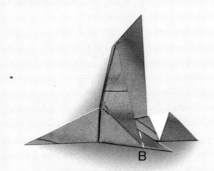

14. Doblar la figura por la mitad. A continuación doblar por la línea auxiliar.

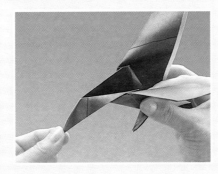

18. ... y volverlo hacia abajo por el doblez.

22. Doblar el vértice inferior por la línea auxiliar.

15. Volver el vértice hacia abajo por el doblez.

19. Doblar de la misma manera el vértice derecho. Marcar dos dobleces paralelos, según se indica.

23. Abrir el vértice y volver hacia abajo por el doblez. El águila está finalizada.

29

FIGURA BASE VI

3. Tirar de la mitad derecha del papel hacia arriba...

6. Recalcar los dobleces. Doblar el ala izquierda...

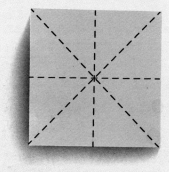

1. Doblar cuatro veces por la mitad una hoja cuadrada de papel, según se indica, de forma que los 4 dobleces queden bien marcados.

4. ... abrir...

7. ... hacia la derecha.

2. Doblar por la mitad en sentido diagonal. La cara blanca del papel queda en el interior.

5. ... y alisar bien.

8. Repetir los pasos 3-7 con la mitad izquierda de la figura.

9. Esta es la figura base VI.

Flores

1. Partir de la figura base VI. El ángulo abierto ponerlo hacia arriba. Doblar bien por la línea auxiliar.

2. Tirar hacia arriba del ala anterior derecha.

3. ... abrir y alisar.

4. Doblar la pequeña ala izquierda resultante...

5. ... hacia la derecha.

6. Repetir todos los pasos con el ala izquierda grande y con las dos alas del reverso.

7. Tenemos cuatro alas en cada parte de la figura.

8. Doblar la figura por la mitad. Doblar por la línea auxiliar.

9. Abrir la parte superior de la figura y apretar los pétalos exteriores por el medio.

10. Como decoración primaveral pueden sujetarse varias flores en una rama.

Narciso

Se necesitan dos hojas de papel de color del mismo tamaño, A y B.

A: hojas exteriores

1. Formar con la hoja A la figura base VI (véase pág. 30). El ángulo abierto señala hacia arriba. Por las líneas auxiliares...

2. ... doblar los ángulos derecho e izquierdo sobre el punto central.

3. Repetir por el reverso. Volver a desdoblar.

4. Abrir la figura por el ángulo superior y doblar el ángulo izquierdo por el lugar indicado...

5. ... hacia dentro. Recalcar los pliegues de la figura.

6. Repetir el proceso con los otros tres ángulos. Doblar el vértice anterior sobre el inferior. Marcar un doblez por las líneas auxiliares.

7. Abrir la mitad izquierda por el medio...

8. ... y doblar el vértice superior izquierdo hacia la izquierda por el doblez resultante, hasta situar el lado de la línea central vertical sobre la línea central horizontal.

9. Repetir con el ala derecha.

10. Volver a doblar el vértice inferior anterior sobre el superior.

11. Doblar el ala anterior izquierda hacia la derecha; repetir por el reverso.

12. Repetir los pasos 6-9. Cortar el vértice inferior por la línea auxiliar.

13. Estas son las hojas exteriores del narciso.

B: hojas interiores

1. Doblar la hoja B según la hoja A hasta el paso 6.

2. Introducir la figura B en la A, con los vértices abiertos hacia dentro...

3. ... de forma que los cuatro pequeños ángulos interiores de la figura A coincidan con los cuatro pequeños ángulos de la figura B.

4. Forrar un trozo de alambre con papel crepé verde y sujetar en él la flor.

Trébol

1. Partir del paso 3 del narciso (hojas exteriores). Doblar el lado izquierdo y derecho del anverso...

2. ... sobre la línea vertical. Repetir por el reverso. Cortar por la línea auxiliar (1) y marcar un doblez por la línea auxiliar (2).

3. Abrir la parte superior de la figura.
El trébol está terminado.

33

Pensamientos

1. Doblar una hoja de papel cuadrada por las líneas auxiliares...

Flor:

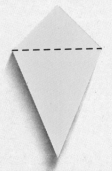

1. Partir del paso 7 de la flor (véase pág. 31).
Por la línea auxiliar...

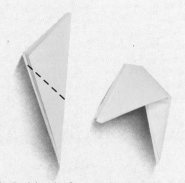

3. Doblar la figura por la mitad y, luego, doblar por donde se indica.

2. ... como si fuese un acordeón. Doblar la figura por la mitad.

2. ... doblar el vértice superior del ala anterior hacia dentro.

4. Abrir la parte superior de la figura. Doblar los tres vértices un poco hacia atrás.

3. Sujetar la figura por el medio y abrir ambos lados.

Caracol

Utilizar una hoja de papel grande, fina y cuadrada (longitud de un lado, unos 15 cm).

1. Partir del paso 7 de la flor (véase pág. 31).

2. Doblar los lados cortos superiores sobre la línea central vertical y doblar por la línea de guiones.

3. Desdoblar el último doblez. Abrir con cuidado el vértice superior del ala anterior...

4. ... y tirar hasta el vértice inferior. Doblar simultáneamente el ángulo izquierdo y derecho sobre la línea central. Recalcar los dobleces.

5. Volver a situar el vértice inferior por el lugar indicado.

6. ... hacia arriba. Doblar el vértice superior por la línea auxiliar...

7. ... hacia abajo. Doblar por el lugar indicado los lados izquierdo y derecho del triángulo anterior...

10. ... hacia la izquierda. Por el lugar indicado...

13. ... hacia la izquierda. Doblar a continuación, el ala derecha grande...

8. ... sobre la línea central vertical. Apretar bien los pequeños triángulos resultantes.

11. ... doblar el lado superior derecho del ala anterior tres veces hacia la izquierda.

14. ... hacia la izquierda. Doblar tres veces los lados superiores izquierdo y derecho por las líneas auxiliares...

9. Doblar la mitad derecha de la figura romboidal...

12. El lado resultante debe coincidir exactamente con la línea central vertical. Doblar el ala derecha estrecha resultante...

15. ... según el paso 11, de forma que los lados resultantes se sitúen sobre la línea central vertical. Doblar las cuatro alas de la mitad izquierda...

16. ... hacia la derecha.

19. ... doblar el vértice superior derecho hacia la izquierda y el vértice izquierdo hacia la derecha. Por el lugar indicado...

22. Marcar un doblez en el lugar indicado (en el medio). Doblar el ángulo izquierdo y derecho hacia atrás por las líneas auxiliares.

17. Repetir los pasos 10-15 en la parte izquierda.
(Las indicaciones derecha-izquierda deberán ser invertidas naturalmente).
Doblar las tres alas de la parte derecha...

20. ... doblar el vértice superior de atrás hacia abajo y meter debajo de la antena inferior, resultando así la cabeza del caracol.

23. Tirar con cuidado de los dobleces...

18. ... hacia la izquierda. Por las líneas auxiliares...

21. Dar vuelta a la figura.

24. ... y redondear la casa del caracol.

Gorrito

1. Partir de la figura base VI (véase pág. 30). El vértice abierto ponerlo hacia arriba. Por las líneas auxiliares...

2. ... doblar los lados superiores del ala anterior, uno encima del otro.

3. Abrir los dos últimos dobleces. Tirar del ala izquierda de ese lado...

4. ... en sentido vertical hacia arriba, abrir los dobleces y recalcar.

5. Tirar en sentido vertical hacia arriba de la parte derecha del ala derecha, abrir los dobleces y recalcar. Doblar el vértice superior anterior por la línea auxiliar (1)...

6. ... hacia abajo. A continuación doblar hacia dentro por la línea auxiliar (2).

7. Repetir los pasos 2-6 por el reverso.

8. Tirar de los dos vértices superiores hacia afuera, abrir la figura.

9. Marcar varios dobleces en uno de los vértices hacia abajo, según se indica.

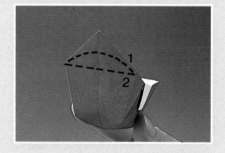

10. Cortar el otro vértice por la línea auxiliar (1) y doblar por la línea auxiliar (2).

11. Formar el gorrito.

Dragones lanzafuegos

3. ... doblar el ángulo superior hacia abajo.

7. ... y, a continuación, doblar los ángulos izquierdo y derecho de la figura hacia dentro, sobre la línea central vertical.

FIGURA BASE VII

4. Desdoblar los tres últimos dobleces.

1. Partir de la figura base VI (véase pág. 30).
El ángulo abierto ponerlo hacia abajo. Por las líneas de guiones...

5. Abrir con cuidado el ala superior del ángulo inferior.

8. Recalcar todos los dobleces y dar vuelta a la figura. Repetir desde el paso 2 sobre este lado.

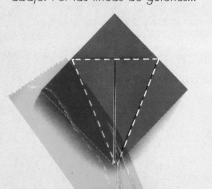

2. ... doblar el lado inferior izquierdo y derecho del ala superior sobre la línea central vertical. Por el lugar indicado...

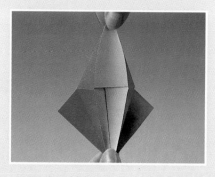

6. Tirar del ángulo inferior hacia arriba al máximo...

9. La figura base VII está, de esta manera, terminada.

40

Precisamos dos hojas de papel del mismo tamaño cuadradas.

Caballo

7. Doblar la figura por la mitad, de forma que el vértice doblado hacia abajo quede hacia afuera.

Parte delantera:

1. Partir de la figura base VII. El vértice abierto ponerlo hacia abajo. Marcar un doblez por las líneas auxiliares.

4. Volver a abrir la mitad izquierda de la figura y doblar por la mitad el vértice izquierdo por el doblez.

8. Tirar de la cabeza del caballo hacia la izquierda. Doblar por la línea auxiliar.

2. Abrir la mitad izquierda de la figura y volver el vértice inferior izquierdo por el doblez hacia dentro, a la izquierda.

5. Repetir con el vértice derecho; lo mismo por el reverso. Por las líneas auxiliares...

9. Abrir el vértice superior y doblar hacia la derecha por el doblez resultante.

3. Repetir con la mitad derecha de la figura. Doblar por el lugar indicado.

6. ... doblar dos veces hacia abajo el vértice superior del ala anterior.

10. Doblar hacia abajo por los dobleces los ángulos superiores de la crin.

Parte trasera:

11. Abrir el vértice inferior derecho y doblar hacia abajo por el doblez.

1. Doblar la segunda hoja hasta el paso 3 de la parte delantera. Doblar por las líneas auxiliares.

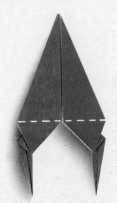

5. Repetir con el vértice derecho y por el reverso. Doblar por la línea de guiones el ala anterior...

12. Doblar por la línea auxiliar.

2. Abrir el vértice izquierdo y doblar hacia abajo por el doblez.

6. ... hacia abajo. Doblar el ala posterior por la línea auxiliar...

13. Abrir el vértice inferior y doblar hacia la derecha por el doblez.

3. Repetir con el vértice derecho. Doblar por el lugar indicado.

7. ... hacia atrás. Doblar por el lugar indicado.

14. Repetir con la segunda pata delantera.

4. Doblar el vértice izquierdo por el doblez resultante por 1/3 de su ancho.

8. Abrir el vértice inferior izquierdo y doblar hacia la izquierda por el doblez.

9. Repetir con el vértice derecho.

13. Abrir un poco el ala anterior y doblar el ángulo hacia dentro por el doblez.

17. Abrir la cola y doblar hacia abajo por el doblez.

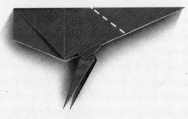

10. Doblar la figura por la mitad y colocarla según indica la figura. Marcar un doblez por la línea punteada.

14. Repetir por el reverso.

18. Recalcar los dobleces.

11. Abrir el vértice derecho y doblar hacia abajo por el doblez.

15. Abrir la parte derecha de la figura y tirar del vértice hacia arriba.

19. Introducir la parte trasera en la delantera y pegar la figura.

12. Marcar un doblez por las líneas auxiliares.

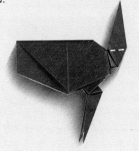

16. Volver a apretar la figura. Marcar un doblez por el lugar indicado.

20. El caballo está terminado.

Jinete

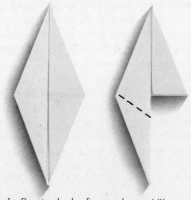

1. Partir de la figura base VII (véase pág. 40).
El vértice abierto ponerlo hacia abajo. Doblar el vértice inferior derecho sobre el vértice superior. Doblar el vértice izquierdo por la línea auxiliar.

2. Abrir el vértice, y volver hacia fuera por el doblez resultante.

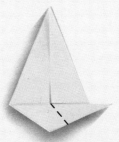

3. Marcar un doblez por el lugar indicado.

4. Abrir el vértice y volver hacia fuera por el doblez resultante.

5. Doblar por la línea de guiones.

6. Abrir el vértice inferior y volver hacia fuera por el doblez.

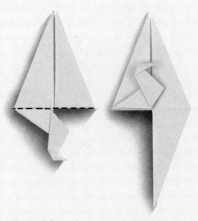

7. Doblar el vértice hacia arriba por la línea auxiliar. Volver a doblar el vértice derecho hacia abajo.

8. Repetir los pasos 2-7 con el vértice derecho. Volver a doblar hacia abajo el vértice doblado previamente. Cortar el vértice de la parte superior por el lugar indicado. Dar vuelta...

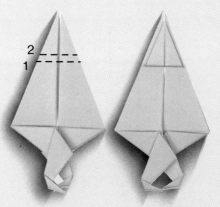

9. ... a la figura. Doblar el vértice superior hacia atrás por la línea auxiliar (1) y hacia arriba por la línea auxiliar (2).

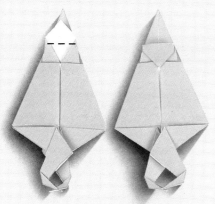

10. Abrir un poco el vértice de la parte superior. Recalcar los dobleces. Doblar hacia abajo por el lugar indicado.

13. ... doblar el brazo por la mitad.

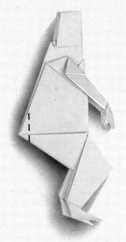

16. Repetir por el reverso. Doblar el ángulo izquierdo por la línea punteada por las dos partes hacia dentro.

11. Doblar la figura a la mitad. A continuación doblar el vértice anterior por el lugar indicado...

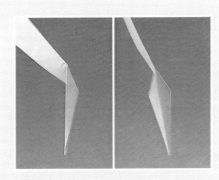

14. Doblar el vértice del brazo por el lugar indicado. Abrir la parte inferior del vértice hasta el doblez.

17. Tirar de la cabeza un poco hacia la derecha.

12. ... hacia abajo. Por la línea auxiliar...

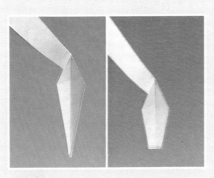

15. Tirar del vértice hacia la izquierda y recalcar los dobleces. Volverlo a doblar hacia dentro.

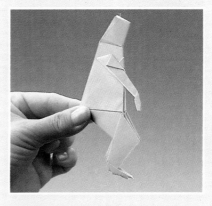

18. Poner al jinete un sombrero y colocarlo en la grupa del caballo.

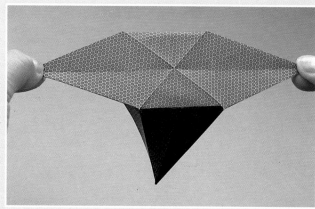

3. ... hasta que el papel esté completamente liso.

Dragón

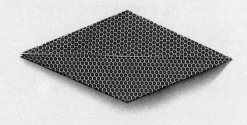

1. Partir de la figura base VII (véase pág. 40). El vértice abierto ponerlo hacia la derecha. Tirar de los dos vértices de la izquierda...

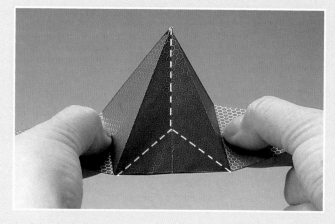

4. Dar vuelta a la figura. Doblar por las líneas auxiliares los dos vértices...

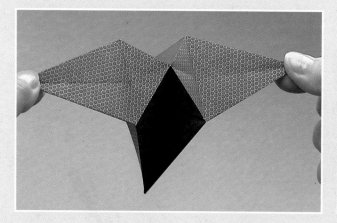

2. ... hacia afuera...

5. ... hacia el centro, hasta abajo, recalcar...

6. ... y colocar hacia la derecha. Doblar por el lugar indicado los dos lados de la parte derecha...

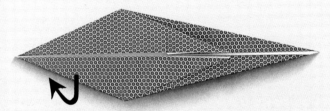

7. ... hacia atrás. Doblar la mitad inferior de la figura...

8. ... de atrás hacia arriba. Doblar por la línea de guiones.

10. Doblar el vértice izquierdo por la mitad...

11. ... y, a continuación, doblar la parte izquierda anterior hacia dentro.

12. Repetir por el reverso. Marcar un doblez por la línea auxiliar.

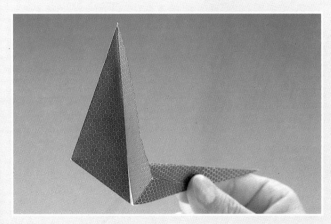

9. Abrir el vértice izquierdo y volverlo hacia dentro por el doblez resultante.

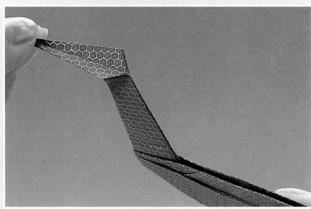

13. Abrir el vértice y doblar hacia la izquierda por el doblez.

14. Doblar por las líneas auxiliares.

17. ... y, una vez más, hacia la derecha por el doblez (3).

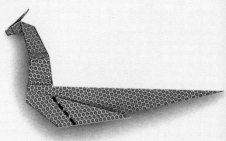

20. Doblar el pequeño vértice del medio...

15. Abrir el vértice y doblar hacia la derecha por el doblez (1)...

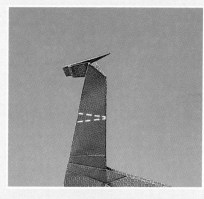

18. Doblar por el lugar indicado. A continuación doblar el cuello...

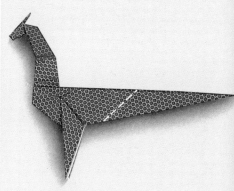

21. ... hacia abajo; repetir por el reverso. Doblar el vértice derecho por la línea auxiliar.

16. ... y hacia la izquierda por el doblez (2)...

19. ... hacia dentro por el doblez inferior y hacia fuera por el superior.

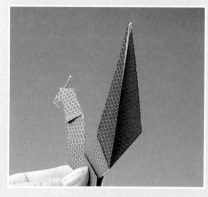

22. Abrir el vértice derecho y volverlo hacia arriba por el doblez.

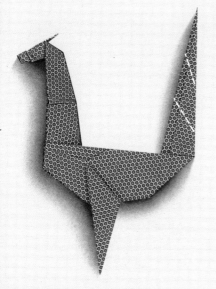

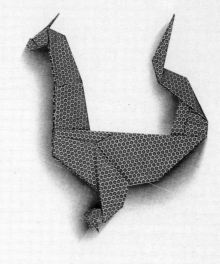

23. Marcar un doblez por el lugar indicado.

26. Marcar un doblez en el vértice inferior pequeño por las líneas de guiones.

29. Repetir por el reverso.

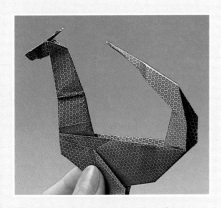

24. Abrir el vértice y volver hacia fuera y a la izquierda por el doblez inferior...

27. Abrir el vértice y volverlo hacia la izquierda por el doblez superior...

30. El dragón está terminado.

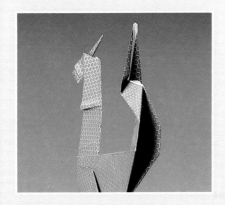

25. ... y, hacia arriba, por el doblez superior.

28. ... y, hacia abajo, por el doblez inferior.

Vaca

5. ... y separarla. El lado exterior izquierdo reposa ahora sobre la línea central vertical.

1. Necesitamos dos hojas de papel cuadradas: una debe ser del tamaño equivalente a la cuarta parte de la otra.

3. Doblar por las líneas auxiliares.

6. Doblar la figura por el lugar indicado. A continuación, doblar el lado superior izquierdo y derecho sobre la línea central vertical.

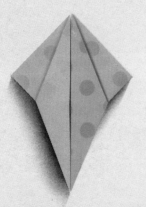

2. Doblar la hoja grande hasta el paso 8 de la figura base VII (véase pág. 40). El vértice abierto ponerlo hacia arriba. Dar vuelta a la figura.

4. Tirar verticalmente hacia arriba del ala anterior izquierda...

7. Retroceder en los dobleces. Abrir algo la figura y doblar los ángulos hacia dentro por los dobleces resultantes...

8. ... y apretar sobre la línea central. Doblar el pequeño triángulo hacia arriba. A continuación, doblar el ala pequeña derecha...

11. ... doblar los dos vértices superiores hacia la derecha. Doblar el vértice derecho por la línea auxiliar (1)...

15. Volver el vértice izquierdo hacia fuera por el doblez.

9. ... hacia la izquierda. Repetir los pasos 3-7 en la parte derecha. A continuación, doblar el ala pequeña izquierda hacia la derecha. Dar vuelta a la figura...

12. ... hacia atrás y hacia delante por la línea auxiliar (2).

16. Volver a doblar la figura.

13. Doblar la figura por la mitad, con la mitad superior hacia atrás.

17. Volver el vértice derecho central hacia dentro por el doblez (ver paso 13).

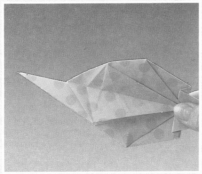

10. ... y colocarla transversalmente. Los vértices abiertos señalan hacia la izquierda. Por la línea de guiones...

14. Abrir el ala anterior.

18. Recalcar los dobleces. Por la línea de guiones...

51

19. ... doblar el ángulo inferior derecho un poco hacia delante.

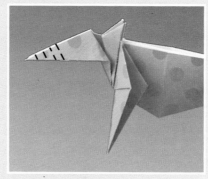

23. Recalcar los dobleces. Enrollar por las líneas auxiliares...

27. ... y doblar hacia fuera por el doblez (2).

20. Repetir los pasos 13-19 por el reverso. Marcar un doblez por las líneas de guiones. Doblar por el doblez (1)...

24. ... el vértice izquierdo hacia arriba.

28. Recalcar los dobleces. Por la línea de guiones...

21. ... el vértice izquierdo hacia fuera a la derecha...

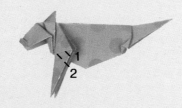

25. Volver a doblar la figura por las líneas auxiliares.

29. ... doblar el ángulo inferior hacia dentro.

22. ... y hacia dentro a la izquierda por el doblez (2).

26. Doblar la pata delantera hacia dentro por el doblez (1)...

30. Repetir los pasos 25-29 por el reverso.

31. La hoja B se utiliza para las patas traseras. Marcar un doblez en el lugar indicado.

32. Doblar el lado izquierdo y derecho sobre la diagonal.

33. Abatir el lado superior sobre el inferior por la diagonal.

34. Doblar la figura por la diagonal. Los dobleces ponerlos hacia dentro.

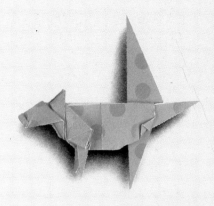

35. Pegar la figura B alrededor de la figura A.

36. Doblar por las líneas auxiliares.

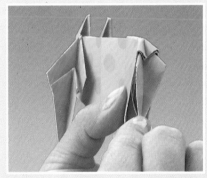

37. Abrir el vértice derecho y doblar hacia dentro por el doblez (1).

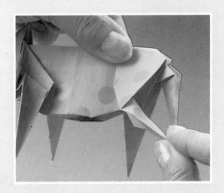

38. Abrir la pata trasera, y doblar hacia dentro por el doblez (2)...

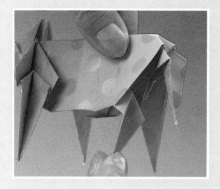

39. ... y doblar hacia fuera por el doblez (3).

40. Repetir por el reverso. Por la línea auxiliar...

41. ... doblar desde ambas partes la cola.

42. Formar los cuernos.

En el corral

FIGURA BASE VIII

3. ... doblar los lados superiores sobre la línea central vertical.

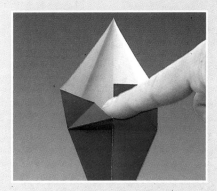

6. ... hacia arriba...

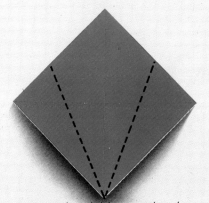

1. Marcar los dobleces indicados sobre una hoja de papel cuadrada, por el medio, en sentido diagonal. Doblar por las líneas auxiliares los lados inferiores...

4. Doblar la figura por la mitad.

7. ... tirar hacia abajo y, con ayuda del doblez, doblar hacia abajo.

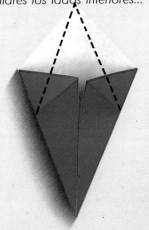

2. ... sobre la línea central vertical; la parte blanca de la hoja queda hacia dentro. Por el lugar indicado...

5. Desdoblar los últimos dobleces. Levantar el ángulo A...

8. Repetir con el ángulo B. Esta es la figura base VIII.

Pollito

1. A partir de la figura base VIII
(véase pág. 55). Los vértices de las
alas pequeñas ponerlas hacia la
derecha.

3. Abrir la figura por abajo.

6. Abrir el vértice superior y doblar
hacia la izquierda por el doblez.

2. Doblar la figura por la mitad;
los lados abiertos quedan hacia
arriba. Doblar por la línea auxiliar.

4. Abrir el vértice izquierdo
doblándolo hacia la derecha por
el doblez.

7. Doblar por las líneas auxiliares.

8. Doblar el vértice izquierdo hacia dentro por el doblez (1) y hacia fuera por el doblez (2).

12. Doblar el vértice derecho hacia dentro, a la izquierda, por el doblez (1)...

15. Doblar por donde se indica...

9. Doblar el ala pequeña por las líneas auxiliares...

13. ... luego, a la derecha, por el doblez (2)...

16. ... el ángulo inferior derecho hacia dentro; repetir por el reverso.

10. ... hacia la izquierda y volver a doblar por la línea de guiones...

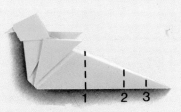

11. ... hacia la derecha. Estas son las alas del pollito. Doblar por el lugar indicado.

14. ... y, a continuación, a la izquierda por el doblez (3). Esta es la pata.

17. El pollito está terminado.

57

5. Abrir el vértice y doblarlo hacia abajo por el doblez (1)...

6. ... luego hacia arriba por el doblez (2)...

Gallo

1. A partir de la figura base VIII (véase pág. 55). Los vértices del ala pequeña ponerlos hacia la derecha.

3. Abrir el vértice izquierdo y volver hacia arriba por el doblez.

7. ... y, a continuación, hacia abajo por el doblez (3).

2. Doblar la figura por la mitad. La parte cerrada de la figura señala hacia dentro. Marcar un doblez por la línea auxiliar.

4. Marcar cuatro dobleces por los lugares indicados.

8. Tirar del vértice hacia la izquierda por el doblez (4).

9. Por la línea de guiones...

13. Abrir el vértice derecho...

17. ... y luego hacia abajo por el doblez (2).

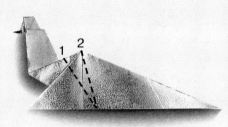

10. ... doblar las alas pequeñas del anverso y reverso hacia la izquierda. Doblar por las líneas auxiliares.

14. ... y doblar hacia dentro por el doblez

18. Doblar el ángulo derecho A por el lugar indicado...

11. Doblar el dorso hacia la izquierda por el doblez (1) y, hacia la derecha, por el doblez (2).

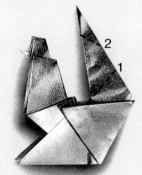

15. Doblar por las líneas auxiliares.

19. ... hacia la izquierda. Repetir por el reverso.

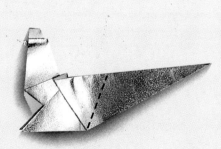

12. Marcar un doblez por el lugar indicado.

16. Abrir el vértice, doblar hacia dentro, a la derecha, por el doblez (1)...

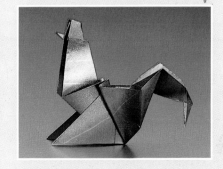

20. El gallo está terminado.

59

Perro

1. Partir de la figura base VIII (véase pág. 55). Doblar el vértice grande izquierdo hacia atrás y, a su vez, doblar los pequeños vértices del medio...

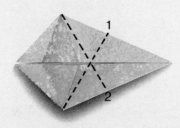

2. ... hacia la izquierda. Marcar un doblez por la línea auxiliar (1)...

3. ... doblando el vértice derecho hacia arriba....

4. ... y por la línea auxiliar (2), doblando el vértice derecho hacia abajo.

5. Tirar del vértice derecho hacia arriba, apretar en el medio por los dobleces...

6. ... y doblar hacia abajo. Dar vuelta a la figura.

7. Por las líneas de guiones...

8. ... doblar los dos lados de la parte izquierda sobre la línea central horizontal.
Doblar la figura por la mitad.

9. Marcar un doblez por las líneas de guiones.

10. Doblar el vértice superior hacia la derecha por el doblez (1) y a la izquierda por el doblez (2).

11. Doblar por las líneas auxiliares.

15. Doblar los dos vértices hacia abajo por los dobleces y volver a apretar la figura.

19. Abrir el vértice derecho y doblar hacia arriba por el doblez (1).

12. Doblar el vértice superior hacia dentro por el doblez (1) y hacia fuera por el doblez (2).

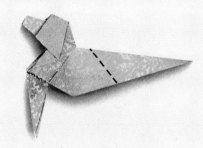

16. Marcar un doblez por la línea auxiliar.

20. Por el doblez (2) (paso 18) doblar los vértices de las patas delanteras hacia dentro.

13. Volver a doblar el vértice dentro por el doblez (3) (paso 11).

17. Abrir el vértice derecho y doblar hacia abajo por el doblez.

21. Doblar por la línea de guiones los pequeños ángulos inferiores por las dos partes...

14. Abrir la figura por abajo y doblar por las líneas de guiones.

18. Doblar por las líneas auxiliares indicadas.

22. ... hacia dentro. El perro está terminado.

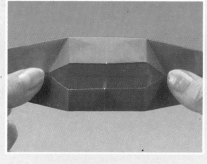

6. Doblar los lados superior e inferior, por los dobleces, sobre la línea central horizontal.

Cestito

7. Dar vuelta a la figura dando, por los dobleces, forma rectangular al fondo.

3. ... y alisar los dobleces. Doblar el vértice inferior de la figura por el lugar indicado...

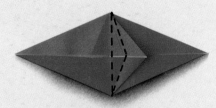

1. Partir de la figura base VIII (véase pág. 55). Los vértices de las alas pequeñas ponerlas a la derecha. Doblar por las líneas auxiliares.

4. ... hacia dentro. Doblar el vértice izquierdo por la línea auxiliar...

8. Apretar bien los ángulos por los dobleces resultantes.

2. Tirar del vértice superior del pequeño triángulo hacia arriba, abrir...

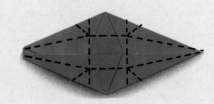

5. ... hacia la derecha. Repetir los pasos 2-4 con el vértice inferior del ala pequeña. Doblar con cuidado por las líneas auxiliares.

9. Tirar de los extremos e introducir el vértice derecho en el izquierdo.

FIGURAS COMBINADAS

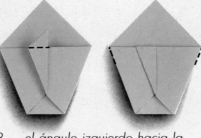

3. ... el ángulo izquierdo hacia la derecha. Doblar el vértice del medio hacia dentro por la línea auxiliar...

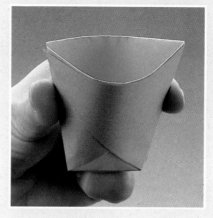

Vasito

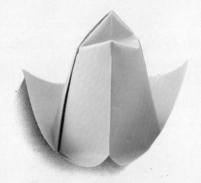

Sombrero vaquero

4. ... hacer un corte por las líneas auxiliares y abrir con cuidado la figura.

1. Partir del paso 2 del sombrero vaquero. Por la línea auxiliar...

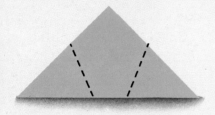

1. Doblar una hoja cuadrada de papel por la mitad, en sentido diagonal. Por las líneas de guiones...

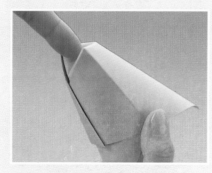

5. Apretar el fondo hacia dentro.

2. ... introducir el vértice superior anterior en el triángulo anterior.

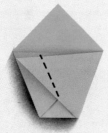

2. ... doblar el ángulo izquierdo hacia la derecha y, a continuación, el ángulo derecho hacia la izquierda. Doblar por el lugar indicado.

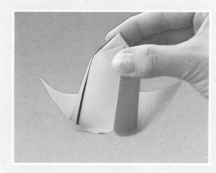

6. Formar el sombrero.

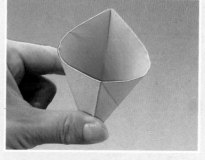

3. Doblar el ala posterior hacia atrás. Para abrir la figura, apretar por ambos lados.

Reactor

1. Doblar una hoja de papel cuadrada...

2. ... por la mitad, en diagonal. Doblar por el lugar indicado...

3. ... el vértice inferior hacia arriba. Doblar por la línea auxiliar (1)...

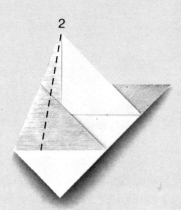

4. ... el vértice izquierdo sobre el lado derecho. Volver a doblar por la línea auxiliar (2)...

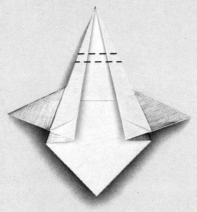

7. ... hacia la derecha. Doblar el vértice superior por la línea auxiliar inferior...

10. Abrir el vértice derecho y doblar hacia dentro por el doblez.

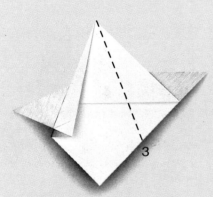

5. ... hacia la izquierda. Doblar el vértice derecho...

8. ... hacia abajo y por la línea auxiliar superior hacia arriba.

11. Doblar por el lugar indicado.

6. ... por la línea auxiliar (3) sobre el lado izquierdo. Volver a doblar por la línea auxiliar (4)...

9. Doblar la figura por la mitad y ponerla en sentido horizontal. Doblar por la línea auxiliar.

12. Sujetar la figura por la parte inferior a la altura del doblez y abrir la parte superior.

13. El reactor ya puede despegar.

Figura de mujer

5. Repetir con la parte derecha. Doblar el lado izquierdo y derecho hacia atrás por el lugar indicado. Doblar por las líneas auxiliares.

6. Abrir el vértice superior izquierdo y doblar hacia la izquierda por el doblez.

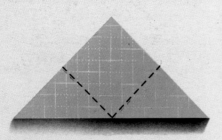

1. Necesitamos una hoja de papel triangular. Se obtiene esta figura inicial doblando una hoja de papel cuadrada por la mitad, en sentido diagonal. Doblar por las líneas auxiliares...

3. Abrir la mitad izquierda de la figura...

4. ... y doblar hacia dentro, por el doblez, la parte izquierda de la mitad izquierda.

2. ... los ángulos inferiores derecho e izquierdo sobre el ángulo superior; la parte blanca queda hacia dentro. Marcar los dobleces indicados.

7. Repetir con el vértice superior derecho. Estos son los brazos. Doblar el vértice inferior hacia arriba.

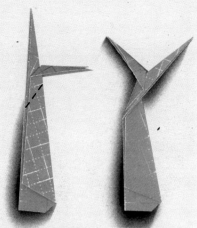

8. Doblar la figura por la mitad, de forma que el pequeño vértice inferior quede hacia dentro. Doblar el vértice superior hacia la derecha por el doblez.

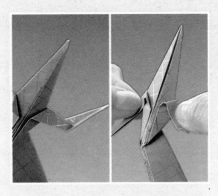

11. Abrir el brazo y doblar el vértice hacia arriba por el doblez. Apretar los hombros hacia abajo.

14. ... y hacia atrás por la línea auxiliar (2). Apretar los ángulos izquierdo y derecho hacia adelante.

9. Sujetar la figura por debajo del doblez. Abrir la parte superior y alisar bien por el doblez.

12. Abrir el vértice superior y doblar por las líneas de guiones...

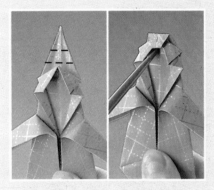

15. Doblar el vértice del reverso hacia arriba y, luego, hacia delante por el lugar indicado. A continuación meter el vértice hacia dentro.

10. Doblar el brazo derecho por la línea auxiliar.

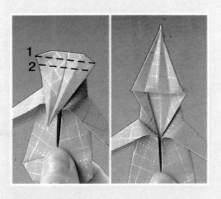

13. ... hacia abajo. Doblar el vértice inferior hacia arriba por la línea auxiliar (1)...

16. Doblar por la línea de guiones el vértice izquierdo de la falda hacia la derecha. Pintar la cara. La figura de mujer está terminada.

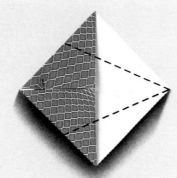

4. ... sobre la línea central horizontal. Doblar por el lugar indicado el lado superior e inferior de la parte derecha...

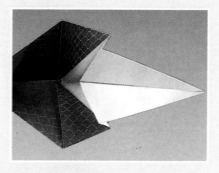

8. Abrir la figura por abajo y doblar los lados largos de la figura romboidal...

Ratón

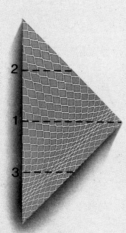

1. Necesitamos una hoja de papel triangular (véase figura de muje págs. 66/67). Doblar por la línea auxiliar (1). Doblar el vértice superior e inferior por las líneas auxiliares (2) y (3), respectivamente...

5. ... hacia atrás sobre la línea central.

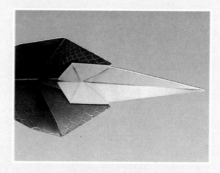

9. ... sobre la línea central horizontal.

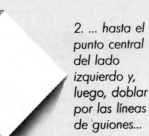

6. Doblar la figura por la mitad. Doblar el vértice derecho por el doblez (1)...

2. ... hasta el punto central del lado izquierdo y, luego, doblar por las líneas de guiones...

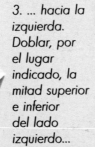

3. ... hacia la izquierda. Doblar, por el lugar indicado, la mitad superior e inferior del lado izquierdo...

10. Volver a doblar la figura. Doblar el ángulo inferior por la línea auxiliar...

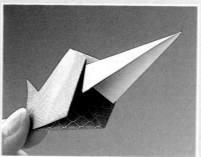

7. ... hacia dentro, y hacia fuera por el doblez (2).

11. ... hacia dentro; repetir por el reverso. El ratón está terminado.

Decoración mural

3. ... los dos ángulos inferiores hacia arriba y volver a desdoblar.

4. Abrir el ala anterior. Doblar el ángulo izquierdo hacia dentro por el doblez resultante.

Bolsa de pared

1. Necesitamos una hoja de papel rectangular, cuyo ancho equivalga a la mitad de su longitud. Marcar un doblez por la mitad, resultando dos mitades cuadradas.

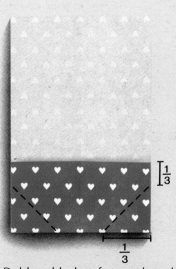

2. Doblar el lado inferior sobre el doblez, por su mitad; la parte blanca queda hacia dentro. Doblar por el lugar que se indica...

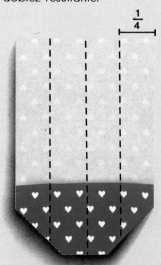

5. Repetir con el ángulo derecho. Doblar bien por las líneas de guiones.

6. Volver a abrir el ala anterior, y doblar el ángulo izquierdo...

9. ... hacia dentro.

12. ... y por el doblez (2) hacia arriba. Dar vuelta a la figura y doblar por las líneas auxiliares...

7. ... hacia dentro por el doblez.

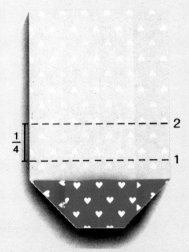

10. Doblar la parte superior del papel por el doblez (1)...

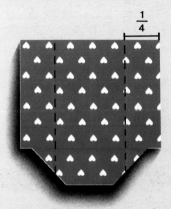

13. ... el lado izquierdo y derecho sobre la línea central vertical.

8. Repetir con el ángulo derecho. Doblar el lado superior del ala anterior por la línea auxiliar...

11 ... hacia atrás...

14. Volver a dar vuelta a la figura. Colgar la bolsa en la pared.

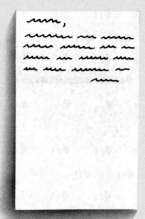

2. ... y volver a desdoblar. El trozo de papel que se encuentra por encima del doblez sirve para escribir. Cuanto más larga sea la carta, mayor deberá ser este trozo. Al terminar de escribir la carta, doblar la parte superior del papel...

3. ... como un acordeón.

Carta plegada

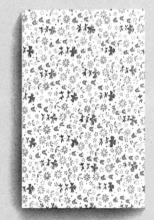

Necesitamos una hoja de papel rectangular.

1. Doblar el lado inferior sobre el lado izquierdo. Doblar por la línea auxiliar...

4. La parte inferior del papel deberá ser ahora cuadrada. Doblar esta parte como la figura base V: doblar por las líneas auxiliares, desdoblar y doblar el lado inferior...

5. ... sobre el lado superior.

9. Tirar del ala derecha anterior en sentido vertical hacia arriba.

13. Abrir el vértice superior...

6. Tirar de la mitad izquierda en sentido vertical.

10. Abrir el doblez y alisar.

14. ... y tirar de él hasta el vértice inferior. Doblar el ángulo izquierdo y derecho de la figura hacia dentro sobre la línea central.

7. Abrir el doblez y alisar.

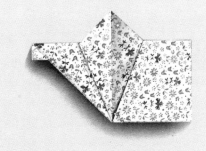

11. Doblar el lado superior izquierdo y derecho de la figura...

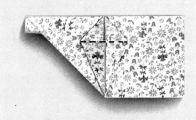

15. Volver a doblar el vértice inferior por el lugar indicado...

8. Doblar por la línea de guiones.

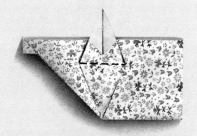

12. ... sobre la línea central vertical y volver a desdoblar. Doblar por la línea auxiliar.

16. ... hacia arriba, resultando así un rombo. Doblar la mitad derecha del rombo...

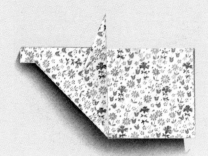

17. ... hacia la izquierda.

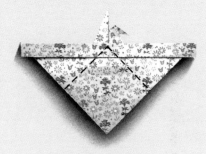

21. Doblar los vértices superiores, izquierdo y derecho, por la líneas de guiones...

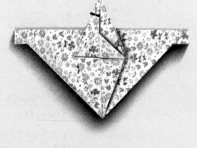

18. Repetir los pasos 6-17 con la mitad derecha de la figura. Doblar por el lugar indicado.

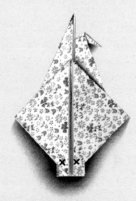

22. ... sobre el vértice inferior. Hacer dos agujeros por el lugar indicado (p. ej. con un alfiler) y pasar un hilo. Dar vuelta a la figura.

Pajaritos en su nido

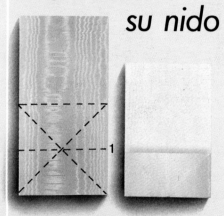

1. Necesitamos una hoja de papel rectangular, cuyos lados largos tengan el doble de longitud que los cortos. Doblar por las líneas auxiliares. Doblar el lado inferior hacia arriba por la línea auxiliar.

19. Abrir el vértice izquierdo y doblar hacia dentro por el doblez.

23. Atar la carta con un lazo.

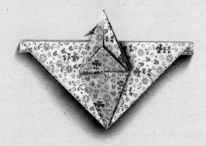

20. Dar vuelta a la figura.

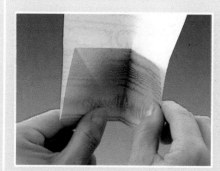

2. Tirar de la mitad izquierda del papel en sentido vertical hacia arriba...

3. ... abrir el doblez y alisar.

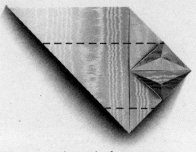

10. ... y colocar la figura en sentido horizontal. Doblar la parte superior e inferior de la figura por las líneas de guiones...

4. Doblar el ala superior derecha por la línea de guiones...

7. ... doblar el ángulo izquierdo y derecho del triángulo sobre el ángulo inferior. Doblar por las líneas auxiliares.

11. ... hacia atrás. Doblar la parte superior por la línea auxiliar (1)...

5. ... hacia la izquierda.

8. Doblar los ángulos resultantes por los dobleces y alisar en el medio. Esto sería el pico.

12. ... hacia atrás nuevamente.

13. Doblar el vértice por la línea auxiliar (2) hacia arriba de nuevo. Pintar los ojos o pegarlos. El pajarito está terminado.

6. Repetir los pasos 2-5 con la mitad derecha del papel. Por las líneas de guiones...

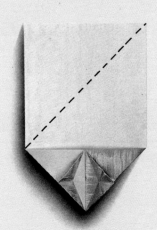

9. Doblar el ángulo superior izquierdo, por la línea de guiones, sobre el ángulo inferior derecho del cuadrado...

Invierno

Hexágono

2. ... el ángulo derecho sobre el izquierdo y volver a desdoblar...

6. Doblar el ángulo izquierdo sobre el derecho por el doblez.

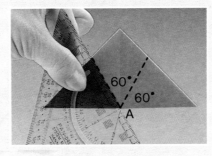

60° 60°

A

3. ... obteniendo así el punto central del lado inferior. Colocar la escuadra en el punto A según se indica y marcar los ángulos de 60° y 120°.

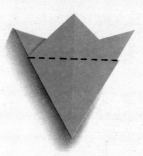

7. Dar vuelta a la figura. Por la línea de guiones...

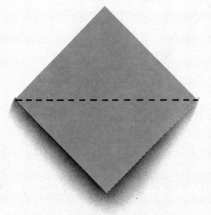

Para algunas figuras se necesita una hoja de papel hexagonal (p. ej. copos de nieve, margaritas, etc.). Para conseguir esta figura inicial se necesitan los siguientes elementos:
— una hoja de papel cuadrada;
— una escuadra;
— unas tijeras.

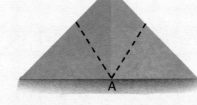

A

4. Hacer una raya por cada una de las líneas de guiones hasta el punto A y marcar un doblez.

8. ... cortar la parte superior de la figura.

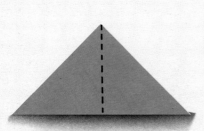

1. Doblar el papel por la mitad en sentido diagonal. A continuación doblar por la línea auxiliar...

5. Doblar el ángulo derecho sobre el lado izquierdo por el doblez.

9. Desdoblar la figura. El hexágono está terminado.

Copos de nieve

1. Partir del paso 8 del hexágono (véase pág. 77). El vértice cerrado del papel señala hacia abajo. Marcar un doblez...

2. ... por las líneas auxiliares.

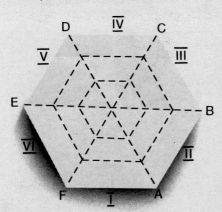

3. Desdoblar la figura.

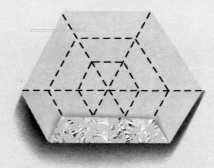

4. Doblar 1/3 del lado inferior (1) por el doblez inferior hacia arriba.

5. Doblar 1/3 del lado inferior derecho (2) por el doblez hacia la izquierda.

6. Desdoblar los dos últimos dobleces. Tirar del ángulo inferior derecho hacia fuera.

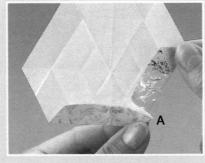

7. Doblar primero el lado derecho y, luego, el lado inferior por el doblez. El ángulo señala hacia fuera.

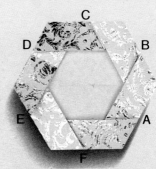

8. Repetir con el resto de los lados y ángulos. Dar vuelta a la figura.

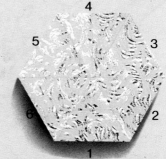

9. Doblar el lado 1 por el doblez (véase paso 3)...

10. ... sobre la línea central horizontal.

11. Doblar del mismo modo el lado inferior derecho (2) sobre la línea central, pero a su vez...

12. ... tirar del ángulo F hacia abajo y doblar hacia la izquierda.

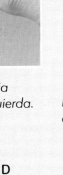

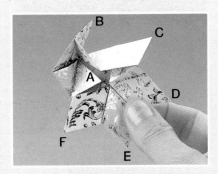

13. Repetir con los lados 3, 4 y 5 y con los respectivos ángulos.

14. Abrir el último doblez. Tirar del ángulo interior (A)...

16. ... y doblar la mitad de los lados 5 y 6 sobre el punto central de la figura.

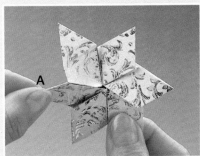

17. Tirar del ángulo exterior hacia la izquierda.

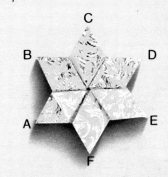

18. La figura tiene ahora 6 vértices.

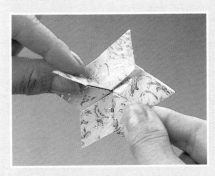

15. ... hacia fuera...

19. Tirar de un vértice en sentido vertical hacia arriba.

20. Abrir el doblez y alisar.

21. Repetir con los 5 vértices restantes. El primer copo de nieve está terminado.

22. Dando la vuelta a la figura se obtiene otro copo de nieve diferente.

23. Doblando todos los vértices por las líneas auxiliares hacia atrás...

24. ... se obtiene un tercer copo de nieve diferente.

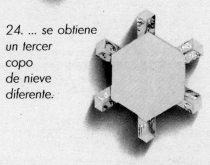

Margarita

Necesitamos dos hojas de papel hexagonales:
— un papel blanco para las hojas de las flores;
— un papel amarillo para el polen.
La longitud de los lados del papel blanco debe ser tres veces mayor que el de los lados del papel amarillo.

1. Doblar el papel blanco hasta el paso 9 de los copos de nieve (véase págs. 78/79).

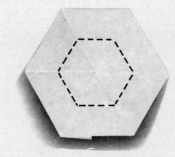

2. Pegar el papel amarillo de forma que coincidan los dobleces.

3. Seguir doblando la figura hasta el paso 21 de los copos de nieve. Doblar los ángulos por las líneas auxiliares...

4. ... hacia atrás.

5. Doblar los pequeños vértices por el lugar indicado en el centro...

6. ... hacia fuera.

7. Sujetar un rabillo por el reverso. La margarita está terminada.

TERCERA EDICIÓN

© 1986 Falken-Verlag GmbH.
© 1988 EDITORIAL EVEREST, S. A.
Carretera León-La Coruña km 5 - LEÓN
ISBN: 84-241-5608-0
Depósito Legal: LE: 213-1994
Printed in Spain - Impreso en España
EDITORIAL EVERGRÁFICAS, S. L.
Carretera León-La Coruña km 5
LEÓN (ESPAÑA)

Título original: Neue zauberhafte Origami Ideen
Traducción: María Victoria Martínez Vega
Fotografías: Photo-Design-Studio Gerhard Burock